L. Duguit

Les doctrines juridiques objectivistes

LES

# DOCTRINES JURIDIQUES OBJECTIVISTES



L. DUGUIT

DOYEN DE LA FACULTÉ DE DROIT DE BORDEAUX

EXTRAIT DE LA

Revue du Droit public et de la Science politique en France et à l'Étranger

Octobre-Novembre-Décembre 1927

PARIS

Marcel GIARD

LIBRAIRE-ÉDITEUR

16, Rue Soufflot, et 12, Rue Toullier

1927

LES

# DOCTRINES JURIDIQUES OBJECTIVISTES

LES

# DOCTRINES JURIDIQUES OBJECTIVISTES

PAR

L. DUGUIT

DOYEN DE LA FACULTÉ DE DROIT DE BORDEAUX

EXTRAIT DE LA
Revue du Droit public et de la Science politique en France et à l'Etranger
Octobre-Novembre-Décembre 1927

PARIS
Marcel GIARD
LIBRAIRIE-ÉDITEUR
16, Rue Soufflot, et 12, Rue Toullier

1927

# Les doctrines juridiques objectivistes

---

SOMMAIRE. — I. Les derniers représentants des doctrines subjectivistes. — II. La doctrine institutionnelle d'Hauriou. — III. La doctrine techniciste de Gény. — IV. Réponse à quelques objections de Gény. — V. La doctrine normativiste de Kelsen. — VI. La conception de l'État dans la doctrine normativiste. — VII Caractère essentiellement objectiviste de la doctrine kelsénienne. — VIII. Critique de la doctrine kelsénienne.

## I

### *Les derniers représentants des doctrines subjectivistes.*

Il y a 25 ans environ, en droit public et en droit privé les conceptions subjectivistes étaient unanimement acceptées comme des dogmes intangibles dans tous les pays. La courtoisie seule empêchait mes collègues de considérer comme un prétentieux et fol auteur celui qui avait l'audace d'écrire que l'affirmation traditionnelle du droit subjectif ne reposait sur aucun fondement solide et qu'il n'y avait là qu'une hypothèse n'ayant pas plus de valeur que n'en avaient celle du phlogistique dans l'ancienne physique ou celle du principe vital en physiologie.

Les civilistes surtout affectaient d'ignorer totalement des

études de ce genre et l'auteur d'un livre classique sur le droit civil, dont la valeur au reste est de tout premier ordre, M. Planiol, ne soupçonne pas que la construction subjectiviste puisse être attaquée ; il pousse jusqu'aux extrêmes, encore dans sa dernière édition, les déductions subjectivistes. Le droit subjectif est partout et il n'y a pas une règle du droit privé à laquelle on ne donne pour base le droit subjectif de l'individu et pour but sa protection. Le droit subjectif est le fondement de la responsabilité délictuelle comme il est le principe de la responsabilité contractuelle et pour Planiol, c'est une aberration de vouloir distinguer l'une de l'autre. Le droit subjectif du propriétaire est identique au droit subjectif du créancier, avec cette seule différence que dans le premier cas le sujet passif est une pluralité d'individus et que dans le second il est un seul individu.

Mais le livre de Planiol, dont je suis loin de méconnaître la haute valeur, était comme le chant du cygne du subjectivisme juridique.

En vain Michoud essaie-t-il de le galvaniser dans son grand ouvrage, *La théorie de la personnalité morale,* paru en 1906. En vain essaie-t-il à la suite de Bekker de découper le droit subjectif en deux éléments, le droit de disposer et le droit de profiter, éléments qui, dit-il, sont souvent réunis dans la même personne, sujet d'une volonté consciente, mais qui peuvent être séparés, le profit appartenant à un élément dénué de volonté, mais représenté par un être doué de volonté. Analyse ingénieuse et subtile, mais qui ne donnait qu'une explication formelle et apparente de toutes les situations légitimement protégées sans qu'on pût cependant trouver un sujet de droit et par suite sans qu'on pût affirmer l'existence d'un droit subjectif.

Ce remarquable effort restait sans résultat et devant cette impuissance toutes les doctrines civilistes et publicistes en France, en Allemagne et en Italie étaient, comme par une force irrésistible, entraînées vers l'objectivisme juridique. C'est qu'il apparaissait à tous, qu'on le voulût ou non, que le subjectivisme, qui pendant des siècles avait suffi à rendre raison de la protection due aux diverses situations juridiques, était impuissant devant les transformations profondes du monde moderne ; c'est que de même que les vieilles hypothèses physiques et physiologiques s'écroulaient devant les phénomènes nouveaux découverts par l'observation, de même le subjectivisme juridique devenait sans force et sans efficacité devant les transformations d'ordre solidariste qui s'accomplissaient de nos jours. Et, si je puis ainsi parler, le passage du subjectivisme à l'objectivisme juridique forme la caractéristique essentielle de l'évolution juridique pendant le premier quart du XX^e^ siècle.

Ce n'est pas cependant que dès avant la Révolution française certains publicistes n'aient déjà aperçu qu'on faisait fausse route en posant le droit subjectif comme le primat de toute construction juridique. Contrairement à l'opinion courante c'est parmi les jurisconsultes du droit de la nature et des gens qu'il faut au XVII^e^ et au XVIII^e^ siècle aller chercher les premières définitions de l'objectivisme juridique. Comme je le montrerai ailleurs Grotius, Pufendorf et Burlamaqui définissent le droit tout ce qui dirige ; et les règles qu'il édicte sont pour eux fondées sur la raison. Ils ne méconnaissaient pas l'existence des droits subjectifs ; mais loin d'être à la base du droit objectif, ils en dérivent. Ces jurisconsultes sont ainsi comme les annonciateurs de l'objectivisme moderne.

Mais le grand courant métaphysique du XVIII^e^ siècle devait emporter cette doctrine. L'autonomie de la volonté humaine dominait tous les esprits par sa force mystique. Le subjectivisme du code Napoléon s'imposait à tous ceux qui s'occupaient de sciences juridiques et politiques et ce n'est que plus de deux siècles après la publication du *Droit de la nature et des gens* que, sous la pression des événements, on se demandait à nouveau à quoi répondait cette conception du droit subjectif et qu'on était obligé de reconnaître qu'elle ne répondait à rien. Vers le milieu du XIX^e^ siècle Auguste Comte avait écrit que « dans l'Etat positif qui n'admet pas de titre céleste, l'idée de droit disparaît irrémédiablement ». Mais cette affirmation était restée ignorée des juristes jusqu'aux premières années du XX^e^ siècle où ils allaient enfin en apercevoir la vérité profonde, les uns pour essayer, tout en mettant l'objectivisme au premier plan, de sauver quelque chose du subjectivisme en en faisant je ne sais quel procédé technique, les autres pour l'écarter totalement et tenter d'édifier une construction juridique exclusivement objectiviste.

Je n'ai pas l'intention de passer en revue tous les systèmes juridiques qui ont été exposés depuis 25 ans. Je veux seulement résumer les doctrines de trois jurisconsultes particulièrement représentatifs et montrer qu'ils ont été amenés à faire une place de plus en plus large, et même pour l'un d'eux exclusive, à l'objectivisme, et nul ne sera étonné que les trois auteurs que j'ai en vue soient Hauriou et Gény pour la France, Kelsen pour les juristes de langue allemande.

## II

### *La doctrine institutionnelle d'Hauriou.*

Aucun de mes lecteurs n'ignore les divergences nombreuses qui me séparent d'Hauriou. Nul plus que moi n'admire la vigueur et la noblesse de son esprit, qui, profondément frappé par la complexité du monde social, voudrait en quelque sorte, dans un élan mystique, s'identifier à lui pour en pénétrer les secrets et les contradictions. Il est comme le Bergson des doctrines juridiques et c'est un éloge qui n'est pas mince. En même temps cela explique les obscurités et les contradictions de ses écrits et l'évolution parfois déconcertante de sa pensée. Cependant il est une conception, qui au milieu de toutes les variations qu'il a traversées, Hauriou paraît avoir définitivement adoptée et qui forme la base persistante de sa pensée juridique. Il en a donné, il y a à peine un an, comme un exposé officiel et définitif dans le livre publié par les *Cahiers de la nouvelle journée* sous le titre *La cité moderne et les transformations du droit*. C'est la théorie de l'institution qui forme le premier article de ce recueil. Elle est exclusivement une théorie de droit objectif.

Assurément dans l'article manifeste d'Hauriou, on trouve

une critique très vive de la doctrine objectiviste. « Le système, y est-il dit, est inacceptable parce qu'il dépasse le but ; il ne se borne pas à faire de la règle de droit un élément de continuité pour les institutions sociales ; il prétend en faire l'élément formateur ... Il s'agit de savoir où se trouve dans la société le pouvoir créateur, si ce sont les règles de droit qui créent l'institution ou si ce ne sont pas plutôt les institutions qui engendrent les règles de droit » (p. 7).

Je retiens cette dernière proposition : ce sont les institutions qui engendrent les règles de droit. Les institutions sont-elles pour Hauriou le produit de droits subjectifs préexistant à elle ? Non point. Il n'en est pas question et certainement telle n'est point la pensée du maître. Au surplus, il « renvoie dos à dos le système du tout au subjectif et celui du tout à l'objectif », parce que « l'un a pris l'action pour la durée ... et l'autre la durée pour l'action ». Ainsi notre savant ami est objectiviste malgré lui.

Quant à l'institution voici la définition qu'il en donne à la page 10 : « Une institution est une idée d'œuvre qui se réalise et dure juridiquement dans un milieu social ; par la réalisation de cette idée, un pouvoir s'organise qui lui procure des organes ; d'autre part entre les membres du groupe social intéressé à la réalisation de l'idée, il se produit des manifestations de communion dirigées par les organes du pouvoir et réglées par des procédures. » En termes plus simples, pour Hauriou toute institution est une corporation, depuis la plus simple jusqu'à la plus développée, depuis la plus compréhensive et la plus complexe qui est l'Etat, jusqu'à la plus modeste, commune, groupement professionnel ou autre. Y a-t-il dans la pensée de l'auteur à la base de toute formation corporative des droits subjectifs dont elle est le produit et la mise en œuvre ? Point du tout ; on n'en trouve pas trace dans la doctrine d'Hauriou. La corporation est une formation naturelle, produit d'activités individuelles communiant ensemble en vue d'un but commun, suivant une idée directrice commune. C'est parfait.

L'institution étant ainsi formée, qu'engendre-t-elle juridiquement ? Des droits subjectifs ? Non point. Nulle part Hauriou ne le dit. Des organes de direction et de représentation ? Oui. Hauriou l'affirme à plusieurs reprises. Mais il ne leur attribue point un droit subjectif de commandement et quel est pour lui le produit immédiat de l'institution? Ce sont des règles de droit disciplinaires ou statutaires. Voici d'ailleurs comment il s'exprime : « L'idée directrice de toute entreprise tend à s'exprimer subjectivement ; elle s'exprime d'abord dans toute institution par des règles de droit disciplinaires ou statutaires que pour ainsi dire elle sécrète » (p. 32).

Malgré la réserve « pour ainsi dire » je me demande ce que peut bien être la sécrétion d'un droit disciplinaire ; mais passons, je ne discute pas, j'expose et je retiens que, comme je l'ai déjà dit, dans la doctrine haurioutique, le droit disciplinaire et statutaire est le produit principal et direct de l'institution. En d'autres termes, l'institution est un fait social de formation naturelle duquel naît le droit disciplinaire et statutaire, c'est-à-dire un ensemble de règles de droit ; et c'est bien là une pure doctrine objectiviste. Ce n'est pas tout. Quelques lignes plus loin, Hauriou écrit : « Les formes les plus hautes selon lesquelles l'idée directrice d'une institution tend à s'exprimer subjectivement en celle-ci ne sont pas proprement juridiques ; elles sont morales ou intellectuelles ou, si elles deviennent juridiques, c'est en qualité de principes supérieurs du droit. »

Les principes supérieurs du droit dérivent donc du fait institution. Ce sont évidemment des règles et ils constituent l'essentiel du droit objectif. L'institution qui se forme naturellement et spontanément donne donc naissance au droit objectif. Elle est ainsi le fondement de tout système juridique ; et cela est une pure doctrine objectiviste.

Qu'on ne dise pas qu'Hauriou maintient dans l'institution le concept du droit subjectif parce qu'il écrit à la page 32 : « Sans doute ces règles de droit s'objectivent rapidement ; mais au moment de leur émission elles sont bien réellement des volontés subjectives du législateur qui parle au nom de l'institution. » Cette formule n'implique aucunement la reconnaissance d'un droit subjectif au législateur ; elle veut dire simplement que l'idée de la règle se forme dans l'intelligence du législateur et que l'expression est une manifestation de sa volonté. En cela n'apparaît aucunement un droit subjectif quelconque.

Aussi bien le caractère objectiviste, qui est le fond de la doctrine haurioutique, apparaît encore nettement dans ce que dit l'auteur à la page 15 et dans ses conclusions. A la page 15, il écrit : « Malgré la glose subjective dont l'enveloppent les concepts de chacun des adhérents, une idée d'œuvre qui se propage dans le milieu social possède une existence objective et c'est d'ailleurs cette réalité-là qui lui permet de passer d'un esprit à un autre et de se rétracter différemment dans chacun sans cependant se dissoudre et s'évanouir ». Et l'auteur conclut à la page 44 : « Le véritable élément objectif du système juridique, c'est l'institution ; il est vrai qu'elle contient un germe subjectif qui se développe par le phénomène de la personnification ; mais l'élément objectif subsiste dans le *corpus* de l'institution et ce seul *corpus* avec son idée directrice et son pouvoir organisé est très supérieur en vertu juridique à la règle de droit : ce sont les institutions qui font les règles de droit ; ce ne sont pas les règles de droit qui font les institutions. » En un mot, les institutions sont des faits sociaux primaires et spontanés produits d'idées et de volontés individuelles ; elles ont une personnalité juridique qui se traduit dans l'enfantement de normes juridiques. N'est-ce pas vraiment un système de droit objectif ? La règle de droit ne se trouve-t-elle pas dès lors placée à la base même de toute construction juridique ? Hauriou ne niera point qu'il rejette *le tout au subjectif*, puisqu'il a dit lui-même qu'il fallait rejeter le tout au subjectif ; mais quoi qu'il en dise, il ne rejette point le *tout à l'objectif*.

Il le rejette d'autant moins qu'à côté de ce qu'il appelle les institutions-personnes ou institutions corporatives, qui sont pour lui les faits sociaux essentiellement générateurs des règles de droit, il affirme l'existence de ce qu'il appelle les institutions-choses, et les principales parmi ces dernières ce sont précisément les règles de droit. Puisque beaucoup de règles de droit sont de véritables institutions et qu'elles se forment spontanément comme les institutions-personnes, elles ne dérivent point de droits subjectifs qu'elles viendraient sanctionner, protéger ou limiter. Ainsi les règles de droit ou droit objectif ou bien dérivent directement des institutions-personnes, ou se forment spontanément comme institutions-choses. Hauriou, qui, comme son modèle Bergson, affectionne particulièrement le langage métaphorique, si commode pour cacher l'imprécision des idées et le vague de la pensée, a donné comme sous-titre à son article : *Essai de vitalisme social*. Il est donc probable que, dans sa pensée, derrière les phénomènes sociaux, il y a un principe qui joue le même rôle que dans l'esprit des anciens physiologistes le principe vital derrière les phénomènes de la vie individuelle. Ce principe vital de la vie sociale serait l'institution ; et l'institution est ou bien une règle de droit ou bien une idée directrice qui émane des individus, s'incorpore et s'extériorise, puis engendre des règles de droit. En tout cela je ne vois rien du droit subjectif; plus je réfléchis et plus je cherche, plus j'y vois un pur système de droit objectif.

## III

### *La Doctrine techniciste de Gény.*

Purement objectiviste aussi la doctrine juridique de Gény. Sans doute il conserve les concepts de droit subjectif et de sujet de droit; mais il n'y voit pas autre chose que des procédés de technique juridique, du même ordre que les fictions, et indispensables pour donner une armature solide à la protection de situations légitimes et conformes à ce qu'il appelle le donné.

A la page 87 du tome III de son grand ouvrage *Science et technique en droit privé positif*, Gény écrit : « Encore faudra-t-il toujours distinguer dans nos procédés de travail ce qu'ils empruntent à la réalité, par suite ce qu'ils contiennent de véritablement matériel et ce qu'ils ajoutent à la nature par voie de symboles ou d'artifices, puisque le premier élément s'impose à nos recherches, tandis que dans l'autre nous restons maîtres en une large mesure. » Par là le jurisconsulte philosophe annonce la distinction qu'il fait dans le domaine du droit entre ce qu'il appelle le *donné* et le *construit*, distinction dont son œuvre considérable n'est que le développement.

Il n'est pas inutile de citer textuellement le passage dans lequel Gény définit et précise cette distinction : « L'activité du jurisconsulte, écrit-il, oscille entre deux pôles distincts, que je proposerai de dénommer le *donné* et le *construit*. Tantôt il s'agit de constater purement et simplement ce que révèle la nature sociale, interprétée d'après elle-même ou recevant l'inspiration d'un idéal supérieur, pour aboutir à des règles d'action dont le fondement sera d'autant plus solide qu'elles contiendront moins d'artificiel ou d'arbitraire. Et c'est ce que j'appelle le *donné*, qui doit formuler la règle de droit telle qu'elle ressort de la nature des choses et autant que possible à l'état brut. Tantôt le travail est réalisé partant de données naturelles acquises et tendra à les mettre en œuvre, à les transformer ou à les assouplir de façon à les modeler sur les besoins même de l'ordre juridique pour lequel elles sont destinées. Et le résultat de l'effort ainsi poursuivi, issu de l'artifice s'exerçant sur la nature par des procédés propres, puisés dans la puissance personnelle de l'homme, peut, ce semble, être qualifié de *construit*, puisque au moyen d'un travail tout subjectif il tend à ériger la règle brute en principes capables de s'insérer dans la vie et d'amener celle-ci en vue des formes supérieures du droit » (1).

Dès à présent je retiens que le donné juridique, c'est-à-dire la réalité sociale existant naturellement ne comprend pas autre chose qu'un ensemble de règles de droit, lesquelles ressortent de la nature des choses. Gény affirme donc que le réel juridique est uniquement la somme des règles de droit produits de la vie sociale et que par suite il est exclusivement le droit objectif. Ne puis-je pas dire que par cette seule affirmation, la doctrine de Gény est fondamentalement objective ? Et d'ailleurs, précisant sa pensée, ce qu'il affirme au tome Ier

(1) Gény, *Science et technique en droit privé positif*, I, 1914, p. 96 et 97.

de son beau livre il le dit en des termes plus précis encore, si c'est possible, au cours de son ouvrage.

Si l'opposition du donné et du construit permet au savant maître de formuler le point de départ de tous ses développements, elle ne revient plus que rarement sous sa plume. Les expressions qu'il emploie surtout sont celles qui servent de titre à son ouvrage, *Science* et *technique*, et il explique pourquoi dans les termes suivants : « Que si nous cherchons maintenant à transposer cette distinction (du donné et du construit) en termes qui traduisent la différence de ces objets dans la diversité des modes d'élaboration qu'ils comportent, suivant la visée capitale du présent travail, je proposerai à titre d'approximation à peu près suffisante à notre but de séparer dans le droit positif, considéré comme formant la matière des efforts du jurisconsulte, la science et la technique... Il me semb'e que l'expression science opposée à celle de technique fait bien ressortir qu'il est possible de concevoir une élaboration des choses du droit s'exerçant sans artifices, tendant essentiellement à constater les données de la nature et des faits. Et si, d'autre part, en parlant de technique du droit nous semblons introduire ici une notion de métier, voir de mécanisme appliqué, je n'aperçois pas pourtant de termes capables de mieux désigner les forces spéciales et en quelque sorte professionnelles qu'il s'agit par là de spécifier et qui prennent dans l'ordre juridique un relief saisissant autant qu'une importance considérable » (*Loc. cit.*, p. 99).

De ce passage, il faut évidemment rapprocher ce que l'auteur disait quelques pages plus haut : « Encore faudrait-il, et ce serait peut-être le plus clair profit à tirer de la philosophie nouvelle, toujours distinguer dans nos procédés de travail ce qu'ils empruntent à la réalité, par suite ce qu'ils contiennent de véritablement naturel et ce qu'ils ajoutent à la nature par voie de symboles ou d'artifices, puisque le premier élément s'impose à nos recherches, tandis que de l'autre nous restons maîtres en une large mesure » (*Loc. cit.*, p. 87).

Par là Gény évidemment voulait annoncer la distinction qu'il allait faire un peu plus loin entre le donné et le construit, entre les recherches scientifiques et les procédés techniques et il qualifiait ceux-ci, il faut le retenir, de symboles et d'artifices.

Au nombre de ces symboles et de ces artifices se placent principalement les concepts dont l'auteur dit « qu'ils apparaissent comme le résultat de l'effort de l'esprit en vue de saisir dans une représentation prédominante l'essence logique des choses » (*Loc. cit.*, p. 148). Quel est le rôle des concepts dans le droit, Gény le dit très nettement à la page suivante : « Le concept ne peut être employé que comme un procédé artificiel à titre de moyen purement technique de mise en œuvre des réalités juridiques et à condition de ne jamais perdre de vue que, si la logique peut parfois aider à organiser la vie, celle-ci lui reste supérieure par la multiplicité et la variété de ses exigences. »

La réalité de la vie juridique, ce que Gény appelle le donné, qui est fourni par la recherche scientifique, ce sont « des règles d'action dont le fondement est d'autant plus solide qu'elles contiendront moins d'artificiel et d'arbitraire » (*Loc. cit.*, p. 97). Le donné de la vie juridique, ce sont les réalités « qui en circonscrivent le domaine et en conditionnent le mouvement », ce sont « toutes les forces de la rencontre desquelles résulte le problème de la conduite sociale », ce sont toutes les règles que l'on en dégage pour « les assigner aux hommes dans leurs rapports respectifs et sous la sanction d'un pouvoir extérieur, suivant la notion précise du droit objectif » (*Science et technique*, II, 1915, p. 1).

Ces affirmations ou toutes autres identiques reviennent constamment sous la plume de l'éminent auteur. Il n'y a donc bien pour lui de donné, de réalité juridique que dans le droit objectif. Tout le reste, les concepts de droit subjectif et de sujet de droit, sont des construits, des procédés de l'art juridique, concepts dont on ne peut dire qu'ils correspondent à quoi que ce soit de réel, « concepts qui ne peuvent être employés que comme procédés artificiels à titre de moyens purement techniques de mise en œuvre des réalités juridiques » (*Loc. cit.*, I, p. 149).

On pourrait même au dire de Gény se passer d'eux et ils ne sont point indispensables. Je ne puis me tenir de citer une page dans laquelle Gény se rapproche singulièrement de la conception purement objectiviste que j'ai essayé de développer. « Contrairement, écrit-il, aux idées les plus répandues dans la doctrine contemporaine, il ne semble pas que même du point de vue technique le procédé des concepts et constructions soit *vraiment indispensable* (c'est l'auteur lui-même qui souligne ces derniers mots) pour l'acquisition ou la mise en œuvre des solutions juridiques. Il suffit, pour en être assuré, d'observer que le plus grand nombre des règles de droit s'établit et se développe par des raisons intrinsèques de justice ou d'utilité, qui suffisent à leur conférer toute la fermeté et toute la cohésion nécessaires, alors que les représentations purement conceptuelles, qu'on prétendrait y adjoindre, ne feront souvent qu'égarer la recherche en substituant les écarts désordonnés de la pensée à l'emprise seule féconde et sûre des réalités. C'est d'ailleurs une erreur de croire que les théories échafaudées sur les concepts écartent plus sûrement le danger des appréciations subjectives et les solutions arbitraires » (*Science et technique*, III, 1921, p. 198).

Parmi ces concepts purement artificiels, simples procédés techniques, jamais indispensables, souvent inutiles, parfois dangereux et décevants, quels sont ceux que Gény place au premier rang? Ce sont les concepts de droit subjectif et de sujet de droit. Ici encore il faut citer textuellement ce qu'écrit notre savant collègue pour qu'on ne puisse pas prétendre que j'altère sa pensée : « Ainsi, dit-il, apparaissent dans leur formation successive pour l'esprit les notions intimement enchaînées de sujet de droit, de droit subjectif, de personne morale. Or je dis que ces notions sont l'œuvre propre de l'esprit, constituent donc, en quelque mesure, un artifice humain et doivent par suite rester cantonnées au domaine de la technique. De fait les concepts de sujet de droit, de droit subjectif, de personne morale, ne se rencontrent pas directement dans la nature des choses et ne sont même pas indispensables pour traduire les réalités de la vie juridique. A cet égard on peut être d'accord avec L. Duguit, non pas assurément en ce sens qu'il s'agirait de notions métaphysiques à bannir comme telles du champ de la science positive; mais elles sont le résultat de l'abstraction s'appliquant à réduire la complexité des phénomènes ; et l'abstraction reste œuvre humaine qui peut opérer de mille façons au regard d'une matière donnée. Aussi la suppression hypothétique du sujet de droit, du droit subjectif, de la personnalité morale, telle que la propose L. Duguit, ne saurait-elle influer directement sur l'attribution des pouvoirs reconnus par le droit objectif, non plus que sur la détermination de ceux qui en profitent et dont l'intérêt en fixe le contenu » (*Loc. cit.*, III, 1921, p. 221 et 222).

Puisque ces notions de droit subjectif, de sujet de droit, de personne morale ne correspondent à aucune réalité, puisque, malgré leur élimination, les préceptes juridiques s'imposent avec la même force et que les intérêts légitimes auront les mêmes garanties, pourquoi donc les maintenir ? Elles ne sont rien et on en fait tout ; elles ne sont pas indispensables et on les met partout. N'est-ce pas une doctrine singulièrement contradictoire ? N'est-ce pas un procédé singulièrement fragile ? Je retiens, et Gény nous l'affirme constamment, que droit subjectif, sujet de droit sont de purs symboles, de simples procédés techniques et que la réalité scientifique c'est la règle de droit. Cela est suffisant pour qu'on puisse affirmer que la doctrine de Gény est purement objectiviste et que finalement, comme moi, il n'admet comme réalité que le droit objectif.

Aussi bien s'il conserve cette notion vide de contenu qu'est celle de droit subjectif, c'est qu'il y voit parfois quelque utilité ; c'est qu'elle est commode, prétend-il, pour formuler certaines règles, pour donner une sécurité à certaines situations, pour marquer plus aisément ce qui constitue le contenu des rapports juridiques et déterminer l'étendue de la responsabilité qui y correspond.

Cette utilité pratique qu'il attache aux concepts de droit subjectif et à celui de sujet de droit, Gény, il ne le méconnaîtra pas, l'avait laissée au second plan au cours de son ouvrage *Science et technique* ; mais au contraire il a fait un effort vigoureux pour la mettre en relief dans un long article qu'il a bien voulu publier dans la *Revue trimestrielle de droit civil* en 1922, à l'occasion du tome I de la 2e édition de mon *Traité de droit constitutionnel* et qu'il a reproduit au tome IV, 1924, de *Science et technique*. Voici le passage qui me paraît résumer le plus exactement la pensée du maître et former comme la conclusion de toute sa doctrine. « Les réalités sociales proprement dites, écrit Gény, auxquelles s'appliqueront l'impératif et la contrainte juridiques ne consistent originairement qu'en faits de nature ou actes de volonté se produisant dans un milieu humain; elles peuvent parfois suggérer une règle de conduite; en soi elles ne la contiennent jamais, ni ne la créent. Pour qu'il y ait règle, l'intervention de l'esprit est indispensable, qui informe les réalités au moyen de concepts et y ajoute l'injonction caractéristique. Parfois, le concept régulateur se présente de lui-même à l'esprit comme une traduction directe de la réalité et l'on peut parler de concepts naturels; mais il s'en faut qu'il en soit toujours ainsi. Le plus souvent, le concept, adéquat à la réalité et au règlement qu'elle comporte, ne se forme ou ne s'affine que par un effort propre de l'intellect, qui lui assigne un caractère largement artificiel et en fait un instrument technique de l'organisation juridique. C'est le concept proprement juridique par lequel l'esprit élabore le droit; et comme l'esprit est plein de ressources, il se représente de façon directe la règle juridique à établir. Volontiers plusieurs concepts s'offrent à lui entre lesquels il choisira le mieux apte à satisfaire les exigences du juste objectif ou les postulats de l'utilité sociale. Ainsi est né le sujet de droit. Il a paru nécessaire, pour représenter l'unité et la continuité indispensables au ferme maintien des rapports juridiques, de faire reposer l'avantage qui en résulte (droit subjectif) sur un support nettement déterminé (sujet de droit). Il n'y a pas là autre chose qu'un concept; et il est possible qu'il soit quelque jour remplacé par une autre représentation de l'esprit plus adéquate aux besoins de la vie juridique. En attendant, il rend des services sérieux, notamment parce qu'il assigne aux associations et fondations une limite et un centre d'action » (1).

(1) Gény, *Les bases fondamentales du droit civil en face des théories*

J'ai voulu me borner à exposer la doctrine juridique de Gény ; j'ai voulu seulement montrer que quoi qu'il prétende il adopte une pure doctrine objectiviste. Mon intention n'est point de discuter le détail de sa doctrine ; je ne puis cependant omettre de dire qu'en affirmant que les concepts de droit subjectif et de sujet de droit ne sont que des procédés techniques, ne répondant à rien de réel, Gény s'est placé en mauvaise posture, car les positivistes, comme moi, lui disent qu'il s'est arrêté en chemin, qu'il a adopté une attitude indéfendable, parce que la logique lui commande d'aller jusqu'au bout, d'écarter de prétendus concepts auxquels il n'accorde plus qu'une valeur d'efficacité pratique. D'autre part, les juristes traditionnalistes le désavouent et lui disent qu'il est un destructeur des vieilles idées juridiques, plus dangereux que les positivistes, parce qu'il donne l'illusion qu'il les défend et les maintient quand en réalité il les détruit par leur base même.

C'est ainsi que M. Tissier, ancien professeur à la Faculté de Droit de Paris, décédé récemment, dans le même numéro de la *Revue trimestrielle* où M. Gény résumait toute sa doctrine, a pu écrire très justement : « Peut-être à vouloir faire passer tout le droit privé positif dans la technique artificielle et provisoire, M. Gény risque-t-il de lui enlever beaucoup de sa force, de sa solidité et de son crédit. Il est peut-être dangereux de présenter comme purement précaires et provisoires les notions de rapport de droit, de sujet de droit et de personnalité. »

## IV

### *Réponse à quelques objections de Gény.*

Dans la conférence que j'ai faite à l'Université de Coïmbre, en 1923, sous le titre *Le pragmatisme juridique* (*Impressions de l'Université*, 1924), après avoir cité en entier les passages

*de L. Duguit, Revue trimestrielle de droit civil,* 1922, p. 779; article reproduit au tome IV, 1924, de *Science et technique en droit privé positif*, p. 169 et s.

rapportés plus haut de l'ouvrage de Gény et spécialement ceux empruntés à l'article de la *Revue trimestrielle de droit civil*, 1922, p. 814 et 815, je disais : « N'ai-je pas raison de dire que Gény est pleinement, exclusivement pragmatiste? Ces concepts fondamentaux du droit, concept de droit subjectif, concept de sujet de droit, ne sont pour lui que des procédés techniques qui servent, suivant sa formule même, à informer les réalités, c'est-à-dire à donner aux rapports sociaux une certaine forme juridique pour les maintenir et les protéger, pour sanctionner la règle de droit, pour mettre en œuvre les voies de droit protectrices des intérêts individuels et collectifs. On nous avait enseigné que ces concepts puisaient leur source et leur valeur dans la raison et qu'ils s'imposaient avec la force d'une vérité mathématique. Point du tout, ce sont des procédés, de purs procédés imaginés par l'ingéniosité de l'esprit humain pour atteindre un résultat pratique. De même que les théologiens pragmatistes viennent nous dire de ne voir dans les dogmes chrétiens que des concepts propres à réaliser une idée morale et de mesurer leur force de vérité à leur efficacité, de même Gény et ses disciples nous enseignent que dans tous ces principes juridiques il n'y a que de la technique et que le droit subjectif et le sujet de droit n'ont eux aussi de réalité que dans la mesure de leur efficacité. Je ne veux point ici discuter ces doctrines; mais j'ai le droit de dire aux juristes pragmatistes, comme les théologiens orthodoxes l'ont dit aux théologiens pragmatistes, qu'en attribuant aux concepts juridiques une valeur simplement pragmatique, on arrive tout naturellement à les nier, qu'ils étaient désormais vides de contenu et qu'il fallait rationnellement aller jusqu'au bout, c'est-à-dire les éliminer de toute étude positive du droit. Mais l'attitude prise par Gény et son école s'explique exactement par le même état d'esprit que l'attitude prise par les théologiens pragmatistes. Profondément pénétrés de l'esprit critique moderne, ils ne peuvent pas s'empêcher de voir tout ce qu'il y a d'artificiel et de convenu dans ces prétendus dogmes juridiques; et d'autre part dominés par leur hérédité, par leur culture intellectuelle et morale, ils ne peuvent se soustraire au désir profond de maintenir des concepts que depuis des siècles on affirme comme vrais et auxquels se rattachent tout leur savoir juridique et toute leur vie morale. »

Dans la préface du tome IV de *Science et technique*, 1924, p. XXI, note 1, Gény, qui à mon grand regret paraît avoir été ému de ce que je disais dans cette conférence, y a répondu dans les termes suivants : « L. Duguit prétend expliquer ma façon d'envisager le rôle des concepts juridiques au moyen de tendances pragmatistes qui semblent mériter à ses yeux une condamnation irrémissible. Je ne puis discuter ici cette appréciation reposant sur un exposé où les notions psychologiques, métaphysiques, logiques, morales, théologiques et juridiques se succèdent ou s'entremêlent dans une confusion déconcertante... »

Je réponds à mon excellent et savant collègue : 1° Qu'il se trompe en disant que j'ai prononcé contre lui une condamnation irrémissible ; je crois pouvoir me rendre cette justice que je n'ai jamais prononcé de condamnation contre qui que ce soit et jamais surtout de condamnation irrémissible ; que j'ai le plus profond respect pour toutes les croyances sincères quelles qu'elles soient ; 2° que je ne crois point avoir commis les confusions déconcertantes qu'il me reproche, que dire que l'évolution mentale de certains juristes, qui ne voient dans les concepts de droit subjectif et de sujet de droit d'autre réalité que leur utilité pratique et les conservent pour cette raison, est analogue à celle des théologiens modernistes, qui ne voient dans les dogmes d'autre réalité que leur efficacité morale, ce n'est point confondre les notions philosophiques, psychologiques et juridiques et que ce n'est point soupçonner en quoi que ce soit l'orthodoxie catholique des juristes qui pensent ainsi ; 3° enfin que Gény reconnaîtra certainement qu'un juriste ne peut séparer les notions de droit des notions morales quel que soit le fondement qu'il donne à celles-ci et qu'un juriste croyant ne peut les séparer de sa foi religieuse.

Gény ajoute au même endroit, que « la nature et la fonction de moyens proprement techniques n'appartient qu'aux concepts qui ont un caractère nettement artificiel ». C'est entendu ; mais Gény lui-même a dit et répété que les concepts de droit subjectif, de sujet de droit, de personne morale étaient purement artificiels, qu'ils ne répondaient à rien de réel, qu'ils n'étaient même pas indispensables, qu'ils étaient quelquefois dangereux, qu'ils étaient simplement des artifices de technique parfois commodes.

Enfin Gény écrit encore que « s'il admet que les concepts (qui ont un caractère purement artificiel) peuvent être infléchis ou modifiés en vue du but à atteindre, c'est qu'ils nous font sortir du domaine de la connaissance pour nous placer dans celui de l'*action*, le seul où le critérium du succès puisse être légitimement employé ». Certainement cette formule a dépassé sa pensée et mon éminent collègue a l'esprit trop noble et le cœur trop bien placé pour penser que le succès justifie les moyens d'action. Peut-être emploie-t-il le mot action, qu'il a pris soin de souligner, dans le sens que lui donne Blondel dans sa thèse célèbre, mais alors la théorie de l'action est au fond une pure théorie de la connaissance et Gény retombe ainsi dans le pragmatisme le plus pur.

## V

### *La doctrine normativiste de Kelsen.*

Elle occupe actuellement une trop grande place dans le monde du droit pour que je ne lui consacre pas une étude spéciale (1).

Kelsen, peut-on dire, pousse l'objectivisme jusqu'à ses extrêmes limites ; si bien qu'on a pu qualifier exactement sa doctrine de normativiste et qu'on l'a comparée au réalisme dont je me suis fait le défenseur. Le droit est, pour Kelsen, exclusivement un ensemble de normes ; il n'est que cela et il est cela dans tous les éléments qui le composent. Par conséquent il n'y a pas dans les conceptions juridiques des droits subjectifs pas plus qu'il n'y a des personnes juridiques, et ce qu'on appelle une personne juridique, depuis l'Etat qui est

(1) Cf. l'article de la *Revue de Droit public* (1926, p. 561 et s.), dans lequel Kelsen a donné un résumé de sa doctrine.

la personne juridique la plus compréhensive et la plus complexe, jusqu'à l'individu qui est la plus réduite et la plus simple, n'est qu'un système de normes. Il n'y a dans le monde juridique que des normes et des systèmes de normes. Tel est d'un mot toute la doctrine.

Le point de départ du système kelsénien est, suivant la terminologie qui lui est propre, la distinction fondamentale du *Sein* et du *Sollen*.

Le *Sein* est le monde physique qui est soumis à des lois de cause ; le *Sollen* est le monde social qui est soumis à des lois de fin ou normes. Dans son livre *Der soziologische und der juristische Staatsbegriff*, 1922, p. 75, Kelsen s'explique très nettement sur cette opposition du *Sein* et du *Sollen*. Il écrit notamment : « Cette opposition du *Sollen* et du *Sein* est un élément fondamental de la méthode scientifique en général et de la connaissance scientifique de l'Etat et du droit en particulier. Car dans cette opposition du *Sollen* et du *Sein* apparaît celle de l'esprit et de la nature. Que l'Etat comme le droit, en tant que système de normes, rentre dans le domaine du *Sollen* et non dans celui du *Sein*, cela ne veut pas dire autre chose que l'existence spécifique de l'Etat et les lois auxquelles il est soumis sont autres que celles de la nature. A la nature que l'on désigne comme le *Sein* proprement dit est opposé le *Sein* de l'Etat ; aux lois causales de la nature, que l'on tient pour des lois proprement dites, sont opposées les normes de l'Etat, qui sont tout à fait différentes des lois causales. »

Cette différence fondamentale entre les lois causales de la nature (*Sein*) et les normes qui sont l'expression d'un devoir (*Sollen*), Kelsen l'a mise en relief dans plusieurs passages de ses livres, mais nulle part, je le crois, plus nettement que dans ces quelques lignes de son gros livre *Hauptprobleme der Staatsrechtslehre*, 1911, p. 13 : « La loi naturelle est un jugement déclaratif : elle n'a d'autre valeur que d'exprimer des rapports existants ; elle n'a pas d'effet ; elle n'agit pas comme force productrice, comme cause efficiente et ne provoque aucun changement dans l'ordre des choses existantes. Il en est complètement différemment de la norme ; celle-ci peut produire un effet (*Wirken*) et c'est précisément son but d'agir comme cause efficiente, de prendre une influence sur la volonté en la motivant et de déterminer cette volonté. La norme n'est pas comme la loi naturelle une déclaration de ce qui est; elle doit créer quelque chose de nouveau, provoquer un certain processus. Cependant la norme ne vaut pas (*gilt*) parce que et en tant qu'elle produit un effet (*wirkt*) ; sa validité (*Geltung*) ne consiste pas dans ses effets (*Wirkungen*), dans ses conséquences de fait, dans un *Sein*, mais dans un *Sollen*. La norme tire toute sa valeur de ce qu'elle doit (*soll*) être suivie. Le but de la norme est bien son effet (*Wirkung*). Elle peut remplir son but; mais son but n'est pas nécessairement rempli. Seulement même la norme qui ne produit pas d'effet reste norme. Pour la validité spécifique du *Soll* de la norme, la réalisation de son but reste sans importance. »

Kelsen fait en outre observer que de ce caractère de la norme il résulte que, d'après son but et son effet, elle se rapporte toujours à des actes futurs, jamais à des actes passés ou présents. Il écrit encore : « Comme les normes considérées du point de vue explicatif du but ou de l'effet tendent à donner naissance à une certaine attitude et que le sujet auquel elles s'adressent est placé devant un choix à faire : suivre la norme ou la violer, elles doivent précéder l'acte qui est leur contenu ou plutôt auquel elles servent de but et qui est le résultat du choix fait par le sujet » (*Ibid.*, p. 14).

Dans le dernier et le plus important de ses ouvrages, *Allgemeine Staatslehre*, 1925, Kelsen insiste encore fréquemment sur cette opposition, fondamentale dans sa doctrine, du *Sein* et du *Sollen*, qui sont deux mondes distincts et opposés. « Le dualisme du *Sein* et du *Sollen*, écrit-il, est logiquement irréfragable. La question : pourquoi un certain contenu vaut-il comme existant (*seiende*) ou comme dû (*gesollt*), reste toujours prise dans l'intérieur d'une des deux espèces et en ce qui concerne cette question aucun lien logique ne conduit du *Sein* au *Sollen* ou du *Sollen* au *Sein*. Puisque la légitimité (*Rechsfertigung*) n'est jamais que la question du fondement d'un *Sollen*, cette question, de même qu'elle ne peut conduire qu'à un *Sollen*, ne peut dériver que d'un *Sollen*, c'est-à-dire ne peut que se rapporter à une norme comme objet de la question. Le *Sein*, comme tel, n'est pas susceptible d'une justification ; il est seulement susceptible d'une déclaration causale. Par suite, si, comme cela arrive souvent, à la question du fondement de l'Etat l'on répond en indiquant que c'est un fait de *Sein*, cela est ou bien un syncrétisme de méthode évident ou bien un symptôme que l'on comprend l'Etat non pas comme un ordonnancement d'un système de normes, mais comme un fait de *Sein* naturel et ainsi comme l'effet de causes. C'est un symptôme qu'on poursuit non pas la justification normative d'un Soll *valable*, mais la déclaration causale d'un effet de *Sein*. C'est-à-dire qu'à la place du contenu spécifique spirituel d'un ordonnancement idéel, qui seul peut constituer cette unité qu'on appelle l'Etat, ce qui devient l'objet du problème, c'est le fait psychique consistant en ce que des hommes ont des représentations, des vouloirs qui donnent naissance à cet élément spirituel qu'est l'Etat et sont déterminés dans leur attitude extérieure par ces représentations et par ces vouloirs. La solution d'un problème ainsi posé ne doit pas être révoquée en doute ; mais il doit être simplement établi qu'elle ne s'applique pas proprement à l'Etat » (p. 34).

## VI

### *La conception de l'Etat dans la doctrine normativiste.*

La distinction du *Sein* et du *Sollen* étant ainsi déterminée, on est conduit à préciser ce qu'est l'Etat dans la doctrine de Kelsen. L'on ne peut s'en dispenser si l'on veut comprendre ses conceptions juridiques, car c'est précisément l'interdépendance complète établie entre l'Etat et le droit ou plus exactement l'identité complète de l'Etat et du droit qui constitue la partie vraiment originale de la doctrine kelsénienne. D'après elle, le dualisme du droit et de l'Etat n'existe pas : le droit est l'Etat et l'Etat est le droit. Doctrine vraiment séduisante parce que, avec elle, le problème des rapports du droit et de l'Etat ne se pose plus, parce que on n'a plus à se demander si l'Etat est antérieur et supérieur au droit, s'il en est le créateur ou si au contraire le droit existe en dehors de l'Etat et lui impose des obligations en limitant son activité. Avec l'identité du droit et de l'Etat tous ces problèmes disparaissent. Il est inutile d'imaginer la doctrine subtile de l'autolimitation étatique. L'Etat est lui-même un certain système de normes et sont normes juridiques celles qui concourent à constituer ce système de normes qu'est l'Etat. La hardiesse et l'originalité de la doctrine veulent qu'on s'y arrête quelque peu.

Kelsen montre qu'on a été conduit à admettre l'existence d'une âme étatique et comme conséquence celle d'un corps étatique par cela que tous les actes, tous les procédés dont la somme et l'unité forment ce qu'on appelle l'Etat, ont évidemment leur siège dans des âmes humaines. L'établissement d'une loi, d'un jugement ou d'un commandement, leur acceptation et leur exécution sont incontestablement des processus spirituels qui se traduisent en actes corporels. Cependant si l'on veut considérer l'essence même de l'Etat, il importe de saisir, non pas le processus psycho-corporel se déroulant dans le monde du *Sein* naturel, mais le contenu spirituel qui sert de support à ce processus.

De même que la conception des lois mathématiques ou logiques est un acte psychique, par quoi l'objet de la mathématique ou de la logique, le conçu, n'est point un psychique ni une âme mathématique ou logique, mais un contenu intellectuel spécifique, parce que la logique et la mathématique font abstraction du fait psychologique, de la pensée d'un tel contenu ; de même l'Etat, comme objet d'une appréciation spécifique distincte de la psychologie, est un contenu spirituel spécifique, mais non le fait du concept et du vouloir d'un tel contenu. Il est un ordonnancement idéel, un système de normes spécifiques, mais non le conçu et le voulu.

Le caractère propre, le sens spécifique de cet objet que nous appelons l'Etat, qui est étudié par une science propre, nous ne pouvons les saisir si nous dirigeons notre appréciation vers un processus spirituel quelconque de la pensée ou du vouloir, mais seulement si nous dirigeons notre investigation sur un conçu et un voulu spécifiques, pour lesquels les actes spirituels de la pensée et de la volonté sont la condition *sine qua non*, et non la condition *per quam*. L'Etat est placé non pas dans le domaine de la nature, dans le domaine des rapports physico-psychiques, mais dans le domaine de l'esprit (p. 13 et 14).

Par suite le caractère spécifique de cet élément spirituel qu'on appelle l'Etat est d'être un système de normes. Cette normativité de l'Etat, elle se trouve affirmée inconsciemment ou involontairement par les auteurs qui croient caractériser l'Etat comme une réalité déterminée par une loi causale. Les caractères que l'on attribue généralement à l'Etat, ils ne sont possibles que comme caractères d'un système de normes. Ainsi l'affirmation toujours répétée et se manifestant dans les applications les plus diverses, l'affirmation de l'existence objective de l'Etat, c'est-à-dire indépendante de la volonté subjective des hommes formant l'Etat, serait pleinement impossible si l'on se représentait l'Etat, la volonté de l'Etat, l'âme de l'Etat comme une somme d'actes de volonté subjective. Il n'y a pas d'union d'éléments subjectifs qui puissent former un élément objectif. Au contraire cette existence objective de l'Etat se conçoit sans difficulté comme la valeur (*Geltung*) objective des normes formant l'ordonnancement étatique, valeur qui est objective parce que, comme toute valeur normative véritable, elle est indépendante des désirs et des volontés de ceux auxquels la norme s'applique.

Il en est ainsi surtout de l'opinion unanime d'après laquelle l'Etat par essence est placé au-dessus des individus qui le composent, qu'il les oblige autoritativement, que toute subordination aboutit à l'Etat. Il n'y a pas là seulement le fait que les hommes tiennent l'Etat pour une autorité, fait qui est constaté par les sociologues qui étudient l'Etat. Ceux-ci ne se contentent pas d'établir que les hommes sont déterminés par des représentations ayant l'autorité pour contenu, mais qu'ils font du contenu de cette représentation leur objet propre ; et ainsi ces sociologues caractérisent l'Etat essentiellement comme autorité obligeante. Par là ils lui attribuent un élément de valeur qui ne peut trouver place dans une psychologie spéciale ou sociologie conçue comme science causale. L'Etat comme autorité obligeante et son essence, dit Kelsen, ne peuvent être autrement exprimés ; l'Etat est une valeur ou, si l'on écarte cette expression de valeur, une norme, un système de normes, et comme tel essentiellement distinct des faits que sont la conception et le vouloir d'une norme ; faits spécifiquement réels et indifférents à la question de valeur.

Ces normes dont l'ensemble constitue l'Etat sont précisément les normes juridiques. L'Etat est l'ordonnancement juridique. Il y a unité de l'Etat et du droit et cette formule est la rubrique d'un des chapitres les plus importants du grand livre de Kelsen, *Allgemeine Staatslehre*, 1925. « Si l'on reconnaît, dit le jurisconsulte, que la sphère d'existence de l'Etat est une valeur normative et non une réalité causale, que cette unité spécifique que nous plaçons dans la notion de l'Etat réside, non dans le monde des réalités naturelles, mais dans celui des normes ou des valeurs, que l'Etat en son essence est un système de normes ou l'expression qui désigne l'unité d'un tel système, par là on reconnaît déjà que l'Etat comme ordonnancement ne peut être que l'ordonnancement juridique ou l'expression de son unité. On reconnaît sans doute que l'Etat est en relation essentielle avec l'ordonnancement juridique ; mais si l'on dit que ce rapport ne signifie pas identité, c'est tout simplement parce qu'on ne voit pas dans l'Etat un ordonnancement. Le fait d'écarter l'identité de l'Etat et de l'ordonnancement juridique implique le dualisme de deux systèmes de normes, desquels l'un est l'ordonnancement juridique positif et dont l'autre ne pourrait être qu'un complexe de normes éthico-juridiques. Ce dualisme est inconciliable avec le principe du positivisme, que reconnaissent cependant ceux qui veulent faire de l'Etat et du droit deux entités distinctes. Si l'Etat est un système de normes, il ne peut être que l'ordonnancement juridique positif, parce qu'à côté de celui-ci on doit exclure la validité (*Geltung*) d'un autre ordonnancement. Si l'Etat était autre chose que le système des normes juridiques positives, on ne pourrait pas plus affirmer, d'un seul et même point de vue, à l'intérieur d'une seule et même sphère de connaissances, que Etat et droit existent à côté l'un de l'autre et l'un avec l'autre, que le juriste ne peut affirmer la valeur de la morale, le moraliste la valeur du droit positif. Si l'on donne au mot Etat en même temps un sens ethico-politique, cet Etat ne peut se trouver en un rapport quelconque avec le droit positif. Or précisément ce rapport avec le droit positif est inattaquable dans la théorie de l'Etat » (p. 16).

Cette identité de la norme juridique et de l'Etat domine toute l'œuvre de Kelsen. Il l'affirme dans maints passages de ses divers ouvrages, particulièrement dans *Allgemeine Staatslehre*, 1925. On vient de le voir par le passage précité. Kelsen y insiste encore quand il examine les doctrines, comme celles de Jellinek, enseignant que l'Etat a deux buts, un but de droit et un but de culture, que le droit n'est pas autre chose qu'un des buts que doit poursuivre l'Etat, qu'il est le but minimum qui s'impose à lui. « Le vice radical, répond Kelsen, qui réside dans cette conception dominant toute la systématique de la théorie moderne de l'Etat, consiste en ce que le droit n'est pas un contenu spécial, mais la forme de l'ordonnancement étatique, plus exactement cet ordonnancement étatique lui-même avec tous ses contenus. L'Etat ne peut poursuivre un but quelconque autrement que dans la forme du droit; et, en ce qui concerne le rapport du moyen au but, le droit et en lui l'Etat est toujours un moyen et jamais un but. Ce que dans une mauvaise terminologie on appelle un but de droit est seulement un moyen pour atteindre un but, qui n'est pas le droit, qui est transcendant au droit et que l'on peut désigner si l'on veut comme but de culture ou de puissance » (p. 42).

Cette identité de l'ordonnancement juridique et de l'Etat, Kelsen l'affirme encore dans l'article publié par la *Revue du Droit public*, 1926. Il y dit : « L'appareil de contrainte où l'on voit généralement la caractéristique de l'Etat est identique à l'ordre juridique. Les règles qui constituent l'ordre étatique sont les règles de droit; la norme juridique est la règle en vertu de laquelle s'opère l'imputation à l'Etat qui, en tant que sujet des actes étatiques, n'est que la personnification de l'ordre juridique » (1).

En lisant les pages dans lesquelles Kelsen affirme ainsi énergiquement l'identité complète du droit et de l'Etat, une expression vient naturellement à l'esprit, celle de panthéisme ou de monisme juridique. Jusqu'à présent quelque idée qu'on se formât de l'Etat, qu'on y vît une personne collective souveraine distincte des individus la composant et de ceux agissant en son nom, qu'on niât cette personnalité de l'Etat et qu'on ne vît que les gouvernants détenteurs d'une plus grande force, on disait : il y a deux personnalités et une règle, une personnalité qui impose cette règle à une autre. Avec Kelsen au contraire, la personnalité qui impose la règle se confond avec elle, le droit et l'Etat ne font plus qu'un, il n'y a plus une personne imposant un droit, il y a un ordonnancement juridique et rien de plus ; cet ordonnancement juridique est l'Etat.

Dans le livre de Kelsen, précédemment cité, *Der soziologische und der juristische Staatsbegriff*, 1922, se trouve un chapitre singulièrement suggestif, intitulé : *Etat et droit, Dieu et Nature.* L'auteur y montre que les jurisconsultes qui posent à la fois l'Etat souverain et l'individu subordonné à cette souveraineté se sont trouvés en présence du même problème que les théologiens qui posent Dieu créateur tout puissant, infini, et l'homme être créé et fini. Comment expliquer qu'un rapport puisse s'établir entre le créateur tout puissant et la créature, entre l'infini et le fini ? De même comment comprendre qu'un rapport puisse exister entre l'Etat tout puissant, l'Etat supra-juridique, sorte de divinité sur la terre, et les individus ses sujets. Pour expliquer les rapports du créateur et de la créature, de l'infini et du fini, les théologiens ont inventé le mystère de l'Incarnation ; ils ont hypostasié un attribut de la divinité, l'Intelligence, le Verbe, le Logos, qui s'est fait homme et qui a été ainsi le

(1) KELSEN, *Aperçu d'une théorie générale de l'Etat, Revue du droit public*, 1926, p. 572. Rapprochez, *Der soziologische und der juristische Staatsbegriff*, 1922, p. 86 et s.

divin médiateur entre le créateur et la créature, par les mérites duquel la faute originelle a été rachetée et les rapports établis entre Dieu créateur et l'homme sa créature. Sur le modèle de l'Incarnation, les juristes dualistes ont inventé le mystère de l'auto-limitation étatique : de même que Dieu s'est fait homme, de même l'Etat tout puissant, l'Etat divinité s'est humanisé en se soumettant volontairement au droit, en s'autolimitant, et ainsi les rapports se sont établis entre l'Etat et les sujets qui sont soumis à la règle de droit, comme l'Etat lui-même s'y est volontairement soumis.

Il faut laisser, dit Kelsen, le mystère dans le domaine de la théologie. Le mystère de l'auto-limitation au reste n'explique rien. La vérité c'est que le dualisme juridique s'oppose à la constitution d'une véritable science du droit et de l'Etat, tout comme le dualisme ontologique s'oppose à une véritable science de la nature. La conception dualistique des théologiens a été rejetée et les doctrines monistes ou panthéistes se sont constituées, affirmant que le système du monde est un, que Dieu et le monde sont une seule et même chose et suivant qu'elles mettent au premier rang Dieu ou le monde, elles se présentent sous deux aspects principaux : Dieu est tout ou tout est Dieu, le panthéisme cosmologique dans le premier cas, le panthéisme ontologique dans le second. De même, dit Kelsen, que pour qu'une science de la nature affranchie de toute métaphysique ait pu se constituer il a fallu écarter le dualisme théologique, de même pour constituer une véritable science du droit il faut écarter le dualisme juridico-étatique, il faut constituer un véritable panthéisme juridique et considérer que tout droit est un *Staatsrecht* et tout Etat un *Rechtsstaat*.

« Les conditions, écrit Kelsen, pour que la théorie de l'Etat cesse d'être une théologie de l'Etat, dépendent exclusivement de la suppression du système dualiste qui est la caractéristique de la théologie. C'est de ce parallélisme que sont nés les problèmes et les antinomies dont il faut reconnaître qu'ils sont insolubles. En tant que la théologie apparaît comme simple théorie d'un système de normes religieuses, auquel cas elle n'est pas autre chose qu'une éthique, sa parenté de méthode avec la théorie des normes juridiques ne doit et ne peut être niée. Si l'absorption de la notion supra-naturelle de Dieu par la notion de la nature était la condition pour l'édification d'une vraie science de la nature, libre de toute métaphysique, la réduction de la notion supra-juridique d'Etat à la notion de droit est la condition indispensable pour le développement d'une véritable science du droit comme science purifiée de tout droit naturel, politique ou sociologie. A cela tend la pure théorie du droit qui est en même temps la pure théorie de l'Etat, parce que toute théorie de l'Etat est une théorie du droit de l'Etat, parce que tout droit est un *Staatsrecht* et tout Etat un *Rechtsstaat* » (1).

## VII

### *Caractère essentiellement objectiviste de la doctrine kelsénienne.*

Cette identité du droit et de l'Etat étant admise, l'Etat n'étant qu'un système de normes juridiques, on se trouve en présence d'une grave difficulté. On comprend que les normes de droit soient impératives quand elles émanent d'une puissance supérieure qui les impose par voie de commandement à des sujets. Mais si l'Etat se confond avec la règle de droit, il ne formule pas de commandement et la règle de droit ne peut être véritablement impérative. La difficulté n'est point restée inaperçue de Kelsen et il s'attache à démontrer que si la norme juridique n'est pas impérative, elle est obligatoire. La distinction est subtile, mais ingénieuse, et j'y insiste parce qu'elle montre bien comment la doctrine kelsénienne est essentiellement objectiviste, et vraiment une doctrine normativiste.

Le jurisconsulte montre que la norme ne fait qu'exprimer la connexité spécifique conforme à la loi juridique entre les conditions et les suites qui se produisent dans le système

(1) Kelsen, *Der soziologische und der juristische Staatsbegriff*, 1922, p. 253. Cf. *Revue du droit public*, 1926, p. 577.

juridique. La représentation de cette connexité ne peut se réaliser grammaticalement que par la proposition, par l'énoncé de la norme (*Satz*) et logiquement que par des jugements qui, en tant qu'ils sont des jugements de *Soll*, peuvent être considérés comme des jugements de valeur, des jugements d'appréciation. C'est pourquoi, il est impossible de caractériser la règle de droit comme un impératif.

Un impératif est l'expression immédiate d'une volonté dirigée vers une attitude étrangère à elle et non pas l'expression d'un lien résultant d'une loi, d'une subordination quelconque à une loi et de la connaissance qui y est relative. « Le droit comme objet de la connaissance juridique, écrit Kelsen, et c'est seulement sous cet aspect qu'il peut être parlé de lois juridiques, est un système de jugements et non pas un système d'impératifs. Ce jugement hypothétique peut s'exprimer en la forme schématique suivante : Si *a* est (*ist*) *b* doit être (*soll sein*). Si un certain fait de *Sein* existe, il y a obligation pour une certaine volonté (un *Soll*) de faire une certaine chose. D'ailleurs il n'est pas certain que cette chose soit faite » (*Allgemeine Staatslehre*, p. 54).

En soutenant que les normes juridiques n'ont pas le caractère d'impératif, mais seulement de jugement hypothétique, Kelsen se flatte d'avoir résolu une question qui, dit-il, a soulevé de grandes difficultés dans la théorie du droit et de l'Etat. C'est celle de savoir à qui s'adresse la norme juridique. Si la proposition de droit n'est pas un impératif, il n'y a pas de personne à laquelle elle s'adresse, vers laquelle elle soit dirigée. La proposition de droit ne s'adresse à personne ou, ce qui est la même chose, elle s'adresse à tous les hommes dont l'attitude forme son contenu, qu'elle soit le fait conditionnant ou la conséquence conditionnée. Dire que la proposition de droit s'adresse à une certaine personne, ne peut signifier autre chose que ceci : l'attitude de cette personne est le contenu de la proposition de droit. Comme ce n'est pas seulement une attitude humaine qui est le contenu de la norme juridique, que dans le fait conditionnant peuvent apparaître aussi des circonstances distinctes de l'attitude humaine, quoique en liaison avec elle, il serait aussi possible de faire adresser la proposition de droit à ces circonstances de fait. Précisément, comme il ne peut évidemment en être ainsi, cela montre que dans la conception d'un sujet auquel s'adresse le droit est compris en même temps le but transcendant au droit. « Les hommes qui par la représentation d'une norme juridique sont amenés à prendre une certaine attitude, et seuls les hommes peuvent être déterminés, attitude que le but de l'ordonnancement juridique est de provoquer, tels sont ceux auxquels s'adresse proprement la proposition de droit » (*Ibid.*, p. 54).

Ainsi le droit est un ensemble de normes juridiques formulées, dont le système constitue l'Etat. Ces formules ne sont pas à vrai dire des impératifs ; elles sont seulement obligatoires comme l'est un jugement hypothétique. Elles ne sont à vrai dire que l'énoncé de jugements hypothétiques. Elles s'adressent à ceux qui conçoivent le but supérieur de l'ordonnancement juridique qui est d'amener les hommes à prendre et à garder une certaine attitude. Peut-on concevoir une doctrine juridique plus exclusivement objectiviste ? D'ailleurs Kelsen ne manque pas de s'expliquer sur ce point en précisant les conclusions qu'il tire de ses développements.

A la proposition de droit en tant que loi juridique est essentiellement immanente la valeur (*Geltung*) objective. L'expression droit objectif est en principe un pléonasme, car le droit est de son essence objectif. Un droit non objectif ne serait pas un droit. De même qu'il ne peut y avoir de nature subjective, de même il ne peut y avoir de droit subjectif, parce que la loi juridique comme la loi naturelle, si elle perdait son objectivité, l'objectivisme de sa valeur, perdrait son sens immanent. « L'interdépendance exprimée dans la loi juridique entre le fait conditionnant et les conséquences conditionnées est valable (*gültig*), sans qu'il y ait à considérer si les hommes dont l'attitude forme le contenu d'un des deux faits ainsi reliés l'un à l'autre veulent, déterminés par la représentation qu'ils se forment de la loi, cette attitude et la prennent en fait, et, pour s'exprimer d'une manière plus générale, sans qu'il y ait à considérer si, dans le système de la valeur, des faits de contenu égal correspondent aux faits établis dans le système de droit. L'opposition que l'on fait de l'objectif et du subjectif est celle de deux systèmes qui n'ont aucun rapport entre eux. Ainsi dans ce qu'on appelle le droit subjectif apparaît un caractère étranger au droit, un autre domaine que celui du droit » (*Ibid.*, p. 51 et 55).

On ne peut donc être plus formel. Mais Kelsen ne s'arrête pas là. Déjà dans son livre, *Hauptprobleme der Staatsrechtslehre*, 1911 (p. 157 et s.), il avait consacré de longs développements à montrer qu'aucune des conceptions qui ont été proposées du droit subjectif ne peut supporter l'examen. Il y revient dans son livre *Allgemeine Staatslehre*, p. 55 et s. Avec raison il déclare que les nombreuses théories qui ont été proposées à ce sujet se ramènent à deux types : ou bien le droit subjectif est déterminé comme un intérêt juridiquement protégé, c'est-à-dire protégé par le droit objectif, par des normes juridiques ; ou bien il est déterminé comme un vouloir juridiquement garanti. Dans les deux cas, suivant la formule de Kelsen, l'accent est posé sur un élément métajuridique, sur un élément existant à côté du droit en son sens propre et spécifique, élément vis-à-vis duquel le droit est considéré seulement comme moyen, comme moyen de protection ou de garantie, non pas comme contenu rationnel de règle, mais comme réalisation psychique de celui-ci. Que le droit ne soit pas le but, mais seulement un moyen spécifique, que même le droit subjectif en tant que droit ne puisse être qu'une norme et non le but qui doit être atteint par la réalisation de la norme, cette objection toujours dirigée contre la notion de droit subjectif écarte la théorie du droit subjectif pour la même raison que celle qui conduit à écarter le but de l'Etat.

J'ai montré plus haut que, dans la pensée de Kelsen, on ne peut pas parler des buts de l'Etat, et spécialement du but de droit et du but de culture, puisque l'Etat n'est par essence qu'un système de normes juridiques. Or dans l'une et l'autre des notions données du droit subjectif, n'apparaît pas autre chose que le but de l'Etat. Kelsen fait observer en outre que, comme dans la théorie du but de l'Etat, apparaissent dans la théorie du droit subjectif deux tendances opposées : la tendance subjectiviste-individualiste et la tendance objectiviste-universaliste, suivant que c'est l'intérêt individuel subjectif ou l'intérêt collectif objectif qui doit être protégé, suivant que c'est la volonté individuelle subjective ou la volonté collective objective qui doit être garantie, que toutefois dans les théories du droit subjectif c'est la tendance individualiste-subjectiviste qui l'emporte, et que, si la tendance universaliste-objectiviste est introduite dans la théorie du droit subjectif, elle conduit finalement à sa suppression (*Allgemeine Staatslehre*, p. 55).

Dans ce dernier ouvrage Kelsen reprend la critique des doctrines subjectivistes, qu'il avait exposée longuement dans son livre *Hautprobleme* et il montre à nouveau que les situations prises aussi bien dans la doctrine de la volonté que dans celle de l'intérêt sont absolument intenables. Il conclut que si l'on veut maintenir l'expression droit subjectif, il ne faut point lui donner le sens habituel, celui d'un pouvoir propre dont serait investie une volonté particulière. Kelsen montre en effet que la distinction faite entre le droit objectif et le droit subjectif et comprise comme une distinction entre la norme générale et l'investiture n'exprime pas le rapport de deux notions s'excluant l'une l'autre et ne se rattachant à aucune notion supérieure commune, qu'il en est différemment quand par là on comprend la distinction de l'ordonnancement juridique et de la volonté individuelle qu'on lui oppose. Ce qu'on appelle droit subjectif comme investiture est seulement un aspect du droit objectif ; il est lui-même norme.

Il y a encore un second principe qui détermine la notion de droit subjectif vis-à-vis le droit objectif. Dans l'idée de droit subjectif est comprise la conception de droit individuel concret (toujours norme) se distinguant du droit général abstrait. Le droit subjectif est la norme juridique en tant qu'elle a reçu un contenu individuel concret. Si le droit subjectif est opposé au droit objectif comme quelque chose qui en est essentiellement différent, il en est ainsi parce qu'on a l'habitude de considérer le droit seulement comme une norme générale, parce qu'on détermine l'ordonnancement juridique comme un système de normes générales abstraites. Le droit concret individuel (toujours norme) existe en dehors de l'ordonnancement juridique ainsi déterminé. Mais un examen plus approfondi doit l'insérer avec le droit général en un système un, et ce qui en apparence est opposé comme droit subjectif au droit objectif doit apparaître comme élément d'un ordonnancement juridique qui n'est saisissable qu'avec le caractère objectif (*Allgemeine Staatslehre*, p. 58).

Pour Kelsen, il n'y a pas de droit subjectif au sens ordinaire du mot, même dans le cas où à la suite d'une déclaration individuelle de volonté est née une situation de droit qui semble avoir pour cause efficiente cette déclaration. Cette situation implique, il est vrai, un devoir d'obéissance s'imposant à une certaine personne. Mais en réalité « ce n'est pas à l'acte de volonté réel subjectif auquel on doit obéissance ; c'est à une norme juridique objective, laquelle pour le cas considéré tire son contenu de l'acte de volonté réel psychique ; à la place du vouloir réel psychique apparaît le *Sollen* juridique » (*Ibid.*, p. 59). En d'autres termes l'étendue de la situation juridique née à la suite d'une déclaration volontaire est déterminée ou bien par la norme juridique elle-même ou bien par l'intelligence des parties. Mais dans l'un et l'autre cas l'obligation juridique prend sa source dans la norme ou droit objectif qui impose l'obligation dont l'étendue est déterminée soit par la norme soit par l'esprit des intéressés. Je développe une idée tout à fait analogue au chapitre III du tome I de mon *Traité de droit constitutionnel*, où j'étudie spécialement l'acte juridique.

S'il n'y a pas de droit subjectif au sens ordinaire de pouvoir de volonté garanti ou d'intérêt protégé et que ce que l'on appelle droit subjectif ne soit lui-même qu'une norme, mais concrète et individuelle, il n'y a pas naturellement de sujet de droit au sens ordinaire de l'expression, de sujet de droit investi de droits subjectifs, pouvoirs de volonté ou intérêts. Ce qu'on appelle sujet de droit ne sera lui-même qu'un système de normes. La personnalité juridique est elle-même objective en ce sens qu'elle n'est pas autre chose qu'un certain système de normes. Les systèmes de normes sont d'autant plus compréhensifs et complexes qu'on part de l'individu humain et qu'on s'élève jusqu'à l'Etat en passant par les diverses communautés intermédiaires. L'Etat est un système général complet de normes juridiques. Il est le grand tout, le *un* juridique, tout le juridique et tout l'Etat est juridique de même que Dieu est le monde et que le monde est Dieu. Le panthéisme juridique nous apparaît à l'image du panthéisme ontologique.

Kelsen montre comment à la notion ordinaire de droit subjectif correspond la notion de sujet de droit ou de personne juridique, comment elle a été produite par le besoin de se représenter un *Träger*, un support des droits subjectifs : prérogatives ou obligations juridiques. Il y a là aussi dans le domaine du droit une persistance de la conception scolastique de substance. C'est elle qui inspire la théorie juridique quand elle croit trouver dans le sujet de droit, *Träger* de droits subjectifs, un élément juridique distinct de ceux-ci, et distinct aussi du droit objectif. « Dans la vérité, dit Kelsen, le sujet de droit est tout simplement la doublure du droit subjectif ; il est sa reproduction *substantiviste*. Au droit comme objet on oppose le droit comme sujet ; c'est également une pure image de miroir. »

Je retiens l'expression « simple image de miroir » appliquée au prétendu sujet de droit. Les normes juridiques s'adressent à des individus humains. Elles leur imposent des charges, leur reconnaissent certaines prérogatives. Ce qu'on appelle la personne juridique individuelle ou le sujet de droit, c'est la synthèse de ces normes en tant qu'elles s'appliquent à un homme. En tant qu'elles s'appliquent à lui, elles constituent un système de normes, qui est l'individu, prétendu sujet de droit.

Il en est de même de ce qu'on appelle la personnalité juridique des collectivités. Comme objet de la connaissance juridique ce qu'on appelle une personnalité juridique n'est autre chose qu'une certaine proposition de droit (*Rechtsatz*). C'est un ensemble de normes par lequel les attitudes réciproques d'une pluralité d'hommes réunis en vue d'un but commun se trouvent réglées. Ici aussi, comme pour les personnes physiques, il y a personnification d'un ordonnancement juridique partiel. Seulement pour les collectivités cet ordonnancement s'aperçoit plus facilement. Ce sont en effet les attitudes d'une pluralité d'hommes qui forment l'objet de la réglementation, tandis que pour la personne physique c'est une pluralité d'actes humains d'un seul homme qui est constitué en unité (*Ibid.*, p. 66).

Enfin l'Etat est le système de normes le plus compréhensif, le système total qui se confond avec la totalité du droit lui-même. L'Etat est la personnification juridique la plus compréhensive ; il est le droit lui-même, le droit total, alors que tous les autres sujets de droit ne représentent que des personnifications d'ordre juridique partiel. Parler de personnification de l'Etat, c'est en réalité employer une expression fausse, parce que l'Etat n'est pas plus que l'individu, pas plus que les collectivités juridiques, une personne sujet de prérogatives juridiques et grevée d'obligations. Cette personnification de l'Etat est au fond une fiction, une fiction inventée pour écarter le fait réel de la domination de l'homme sur l'homme, domination qui existe dans les Etats démocratiques comme dans les autres. « Spécialement, dit Kelsen, on fait découler les actes de contrainte et de domination, l'*imperium* réglé par l'ordonnancement juridique, non de ceux qui agissent directement, mais de la personne Etat. Cela entre autres choses signifie que le voile de la personnification de l'Etat recouvre le fait de la domination de l'homme sur l'homme, fait qui est contraire à l'idéal de l'égalité démocratique. J'accepte bien d'être placé sous la domination de l'Etat, mais non pas sous celle de mon égal ; comme si l'Etat n'était pas tout simplement un masque pour la domination de mon égal » (1).

## VIII

### *Critique de la doctrine kelsénienne.*

Telle est dans ses grandes lignes cette doctrine de Kelsen, dont on ne peut nier qu'elle est fortement construite et sin-

(1) Kelsen, *Allgemeine Staatslehre*, p. 67 ; *Revue du droit public*, 1926, p. 573.

gulièrement séduisante. On ne saurait nier non plus que je ne me trompe pas en disant qu'elle porte l'objectivisme juridique à ses extrêmes conséquences, puisqu'elle exclut totalement les notions traditionnelles de droit subjectif et de sujet de droit, qu'elle ne voit dans le droit qu'un ensemble de normes et que les prétendues personnes juridiques ne sont elles-mêmes que des systèmes de normes, que la prétendue personnalité de l'Etat n'est qu'une fiction pour masquer le fait réel de la domination des hommes sur les hommes, même dans les Etats démocratiques.

Il n'entre pas dans mon intention de discuter les divers points de cette doctrine ni de montrer en quoi les conceptions juridiques de Kelsen et les miennes se rapprochent, en quoi elles sont divergentes. Il appartient aux lecteurs de l'apprécier. Toutefois je ne puis pas ne pas marquer que la critique la plus grave à mon avis que les doctrines de l'éminent professeur doive rencontrer, c'est qu'elles apparaissent comme une construction de pure logique formelle, que la séparation du *Sein* et du *Sollen* sur laquelle le système est tout entier construit est sans doute logiquement exacte, mais qu'il n'est pas vrai de dire que le droit appartient exclusivement au monde du *Sollen*. Le droit est en effet un ensemble de règles, mais de règles nées de besoins pratiques qui sont des faits de *Sein*. Elles s'appliquent à des activités individuelles qui sont aussi des faits de *Sein*, comme le reconnaît d'ailleurs Kelsen. D'autre part, la proposition de droit, la *Rechtssatz*, suivant l'expression de l'auteur, émane bien souvent de l'activité humaine, d'une manifestation de volonté; par conséquent, elle aussi, bien souvent est un fait de *Sein*. Qu'on oppose le concept de l'être et celui du devoir, le concept du *Sein* et celui du *Sollen*, fort bien. Mais qu'on place l'ordonnancement juridique en dehors de la vie réelle, en dehors du *Sein*, c'est ce à quoi je ne saurais souscrire.

C'est au reste au fond les critiques qui ont été adressées à Kelsen par les jurisconsultes de langue allemande, et spécialement par les professeurs Hold-Ferneck et Sander, dans des ouvrages et des articles qui ont soulevé de très vives polémiques. Ces travaux, il faut bien le dire, sont souvent d'une obscurité opaque et il est difficile de pénétrer la pensée qui les inspire. Cependant quand Sander oppose aux conceptions kelséniennes sa doctrine de la *Rechtserfahrung*, il semble bien que comme moi il lui reproche avant tout de placer l'ordonnancement juridique en dehors de la réalité vivante et de l'expérience sensible (1).

Enfin je dois ajouter que si l'on identifie l'Etat et le droit, comme le fait Kelsen, il paraît bien difficile d'établir une limitation de l'Etat par le droit et en effet je n'en ai pas trouvé de trace dans l'œuvre considérable de Kelsen. Plus j'avance en âge et plus je reste convaincu que toutes les spéculations juridiques sont vaines si elles n'arrivent pas à déterminer d'une manière positive le fondement solide d'une limitation juridique apportée à l'action de ceux qui dans une société donnée, individus, groupements, classes sociales, détiennent la plus grande force. Je ne comprends pas, je le répète, comment ce fondement peut être établi si le droit et l'Etat se confondent, si tout le droit est l'Etat, si l'Etat est tout le droit.

En un mot le panthéisme juridique de Kelsen jusqu'à preuve du contraire m'apparaît comme la négation même du droit public.

L. DUGUIT,
Doyen de la faculté de droit de Bordeaux.

(1) SANDER, *Rechtsdogmatik oder Theorie der Rechtserfahrung*, 1921; *Staat und Recht, Prolegomena zu einer Theorie der Rechtserfahrung*, 1922; *Kelsens Rechtslehre*, 1923; HOLD-FERNECK, *Der Staat als Uebermensch*, 1925. — Cf. l'article du professeur TASSITCH paru dans la *Revue de théorie générale du droit*, 1926-1927, nº 3, sous le titre *Le réalisme et le normativisme dans la science juridique*. On y trouvera une comparaison intéressante de la doctrine kelsénienne et de la mienne ; l'auteur en montre très exactement les ressemblances et les différences. Voyez aussi : SIEGFRIED MARCK, *Substanz und Funktionsbegriff under Rechtsphilosophie*, Tubingen, 1925 ; compte rendu détaillé par HIPPEL, *Archiv des öffentlichen Rechts*, Nouvelle série, XII, 1927, p. 145. Rapp. METZGER, *Sein und Sollen im Recht*, 1920.

LAVAL. — IMPRIMERIE BARNÉOUD.

www.ingramcontent.com/pod-product-compliance
Ingram Content Group UK Ltd.
Pitfield, Milton Keynes, MK11 3LW, UK
UKHW022144170726
13837UKWH00004B/1778

9 782329 174655